তুমি যদি থাকতে কাছে

অভিমন্যু বাড়ুই

EditionNEXT
editionNEXT, Kolkata, India
www.editionnext.com

"Tumi Jodi Thakte Kache" :: A Collection of Bengali Poems by Avimannu Barui

International(USA) Edition

Cover: Uday Bhattacharyya

First Edition: February 2026

Publisher: Mousumi Bhattacharyya
CB 1/1, Baguiati, Kolkata- 59
Website: editionNEXT.com
Facebook: facebook.com/editionnext
Twitter: twitter.com/editionnext
eMail: Link "Contact Us" in editionNEXT.com

ভূমিকা

অভিমন্যু বাড়ুইয়ের একাদশ কাব্যগ্রন্থ **‘তুমি যদি থাকতে কাছে’** হাতে নিয়ে মনে হয়, এ যেন একটা দীর্ঘ যাত্রার পরিণতি—যেখানে জীবনের কঠিন বাস্তবতা, প্রেমের আকাঙ্ক্ষা, সমাজের বিড়ম্বনা আর মানুষের অদম্য চেতনা একসঙ্গে মিশে গেছে। গরিব ঘরের ছেলে থেকে কৃষি বিভাগের দায়িত্বশীল অফিসার হয়ে ওঠা এই কবির কলমে সবসময়ই একটা সত্যের জোর ছিল। তিনি কখনো সাজানো-গোছানো কথায় লুকোন না; বরং রাস্তার ধারের পাগলের বকবকানি, চাষির গালে হালকা ছোঁয়া, প্রেমে ঘা খাওয়া মোরগের লজ্জা, চেয়ারের রাজনীতি—এসব দিয়েই জীবনকে ধরেন।

এই বইয়ে কবি অভিমন্যু সাধারণ মানুষের দৈনন্দিন কষ্ট, হাসি-ঠাট্টা, প্রেমের তৃষ্ণা আর সমাজের দ্বিচারিতাকে খুব সরল, কখনো তীক্ষ্ণ, কখনো হাস্যরসাত্মক ভাষায় তুলে ধরেছেন। ‘উপভোগ্য’ কবিতায় রাস্তার এক পাগলের মুখ দিয়ে সমাজের অসংগতি ফুটে উঠেছে, ‘গালে একটু ছোঁয়’-এ চাষির সরল জীবনের ছোঁয়া, ‘রুবাইয়্যাত’-এ দুঃখের মদিরায় ডুবে থাকা প্রেমিকের কথা, আর ‘এই চেয়ারটা খুউব দরকার’-এ গণতন্ত্রের চেয়ারের লড়াই—এসব মিলে বইটা হয়ে উঠেছে জীবনের একটা আয়না। লিমেরিকের মজা থেকে গভীর দর্শন, সবই এখানে মিশে আছে।

editionNEXT.com-এর পক্ষ থেকে আমরা গর্বিত যে এই বই প্রকাশ করতে পেরেছি। অভিমন্যু বাড়ুইয়ের কবিতা পড়লে মনে হয়, কাছে যদি সত্যিকারের কেউ থাকত, তাহলে এই দুনিয়াটা আরও সহ্যযোগ্য হতো। আশা করি, এই কবিতাগুলো আপনার মন ছুঁয়ে যাবে, ভাবাবে, আর হয়তো একটু হাসিও ফোটাবে। পড়ুন, অনুভব করুন—কারণ কবিতা তো শুধু শব্দ নয়, জীবনেরই একটা অংশ।

—প্রকাশক

সূচিপত্র

সূচিপত্র

উপভোগ্য

লোকটা বকবক করেই চলেছে;
গরমটা এবার বড্ড কম পড়েছে
গরমকালে দরদর করে ঘাম বেরুবে, তবেই না!
একটি নোংরা গামছা গলায়, টাই এর মতো জড়ানো
শরীরটা দুমড়ে মুচড়ে তাতে ঘাম মুছে নিলো।

বউ পালিয়েছে, শালা খুশির আনন্দে
রাস্তা অবরোধ করে চিৎপটাং হয়ে শুয়ে আছে,
বাসগুলো গাড়িগুলো দাঁড়িয়ে আছে আর
শুঁয়োপোকার মতো কিলবিল করছে মানুষগুলো
বোমা মেরে উড়িয়ে দে সব; জোরে হেসে উঠলো সে।

শোন বন্ধুরা, মন দিয়ে শোন
বেড়াতে যাবে না একদম,
পাহাড় হঠাৎ করে ভেঙে পড়বে
নদীতে দেখতে না দেখতেই জল বেড়ে যাবে
গুলিতে ঝাঁঝরা হয়ে যাবে সিঁদুর ধর্ম সভ্যতা।

লোকটা থামাচ্ছেই না তার বকবকানি,
খোকাখুকুরা মন দিয়ে লেখাপড়া করো,
মাটির মানুষ হবে, রাস্তা ঘাটে থাকার জায়গা পাবে,
না হলে জ্ঞানী মানুষের মতো কথা বলতে হবে,
মুর্খ হয়ে জ্ঞানীকে চাবকাতে দু তিনটে লেজ গজাবে!

বাসস্ট্যান্ডের পাশে পোড়ো বাড়িতে আস্তানা ওর;
মাঝে মাঝে বেরিয়ে খাবার সংগ্রহ করে
আর সিংহের মতো গর্জন করে
হায়নার মতো হেসে ওঠে!
পাগলার পাগলামি দেখতে সবার বেশ ভালোই লাগে।

বন্ধু

পাতার পরে কিরণমালা
লাগছে বড়ো ভালো,
রান্নাঘরে আগুন জ্বলে
কাঁচা খাবার ঢালো।

মাটি বলে কাছে এসো
খাবার অনেক আছে,
মিষ্টি সরবত বুকে নিয়ে
এই শিকড়ের কাছে।

শিকড় তখন চো চো করে
খাবার টেনে নিয়ে,
পাঠিয়ে দেয় পাতায় সে যে
কান্ডের ভিতর দিয়ে।

গ্যাস জল আলো নিয়ে পাতা
যত্নে রান্না করে,
টেস্টি খাবার ছড়িয়ে দেয়
সারা দিনটা ধরে।

ফুলে ফলে গাছ ভরে যায়
প্রানী বাঁচে খেয়ে,
জীবন মোদের ধন্য হলো
এমন বন্ধু পেয়ে।

লিমেরিক

ডান্ডা মেরে ঠান্ডা থাকে

পাড়ার দাদা নন্দ দুলাল, কাজের বেলায় কাজি
মিটে গেলে স্বার্থটা তার, খায় ভীষণ ডিগবাজী!
হতচকিয়ে কয়, কে রে তুই?
দায় পড়েছে, তোরে মুই ছুঁই;
ডান্ডা মেরে ঠান্ডা থাকে, এমন ব্যাটা পাজী।

প্রেমের বাঁধন শক্ত করি

অহং বড়ো হানি করে
শরীর কিংবা মনে,
একলা হয়ে বাঁচতে হবে
দগ্ধ প্রতি ক্ষণে।

দম্ভ আনে হিংসা বিদ্বেষ
ছল চাতুরী যত,
লজ্জা বোধের মরণ ঘটে
মিথ্যার জালে রত।

ভালো কারো দেখলে পরে
মাথা জমাট বাঁধে,
ক্ষতি করতে না পারলে ভাই
মনটা শুধুই কাঁদে।

ভালো মন্দে জীবন বাঁধা
আসবে আগে পরে,
শ্রমের দ্বারাই সুখ যে আসে
আশার বাতি ধরে।

অহমিকায় বিভেদ বাড়ে
থাক না সেটা দূরে,
প্রেমের বাঁধন শক্ত করি
মানবতার সুরে।

গালে একটু ছোঁয়

বর্ষায় মাঠে জলের অভাব নাই
কোমর বেঁধে ব্যস্ত চাষী ভাই;
দলে দলে চাষের কাজে রয়
কাজের ফাঁকে মনের কথা কয়।

লাঙল দিয়ে জমি চষা হয়
ধীরে ধীরে হাঁটছে গরু দ্বয়;
লাইন দিয়ে ধানের চারা রোয়
আলতো করে গালে একটু ছোঁয়!

রুবাইয়্যাত

মনের ভিতর দুখের জ্বালা বাঁচবো কেমন করে সই
মদিরায় মোর মন ডুবিয়ে প্রেমসাগরে ডুবসাঁতারে রই
সাকি তোরে ডাকছি কাছে টেনে তুলবি বলে নয়,
দুখ খুলেছে সুখের আগল সখী তোরে দেখার কথা কই!

প্রভাত বেলার কিরণ মেলায়

সকালবেলার অরুণ কিরণ
পুকুরের জলে খেলছে,
নাট্যশালার বিজলী বাতির
আলো সেথা যেন মেলছে।

আলোকিত সেই রঙ্গ মঞ্চে
অভিনয় কত হচ্ছে,
নানান জাতের মাছগুলো সব
উথাল পাথাল করছে।

পানকৌড়ি ঐ জলের ভিতর
শিকার খেলায় মাতছে,
বাঁশের ডগায় মাছরাঙা দেখি
তীক্ষ্ণ নজর রাখছে।

লতার আড়ালে বক চুপিচুপি
এক পা এক পা বাড়ছে,
জলঢোড়া সাপ দিচ্ছে সাঁতার
এঁকেবেঁকে লেজ নাড়ছে।

বৃদ্ধ গোসাপ বিরাট শরীরে
ধীরে ধীরে জলে নাবছে,
রাস্তার ধারে দাঁড়িয়ে কুকুর
লেজ নেড়ে খুব ভাবছে।

লিমেরিক

প্রেমে ঘা খেয়ে

প্রেম দেখাতে গিয়ে মোরগ বড়ো লজ্জায় পড়ে
সুন্দরী এক বলে, পাতলু হাওয়ায় উঠবি নড়ে!
তখন থেকেই জিমে গিয়ে
বডি খানা নেয় বাগিয়ে,
দেখে তাকে লেডিরা সব হুমড়ি খেয়ে পড়ে!

বুঝবো আমরা কবে

সত্যটা ভাই সবাই জানি
মানতে হবেই হবে,
জন্ম নিয়ে চিরকাল কে
বেঁচেই শুধু রবে?

সময় হলে যেতেই হবে
বিয়োগ ব্যথা থাকে,
জীবনের তার কীর্তিকলাপ
দুঃখ ঢেকে রাখে।

অসময়ের মরণ আনে
খুব যন্ত্রণা মনে,
যাবার যে নয় চলে গেলে
কাঁদে সর্ব জনে।

প্রস্ফুটিত হবার আগেই
ফুল যদি যায় ঝরে,
সৌন্দর্য আর সুবাস বিনা
বাগান কেঁদে মরে।

বিনা খাদ্যে রোগের জ্বালায়
পাশে থাকতে হবে,
যুদ্ধ আনে অকাল মৃত্যু
বুঝবো আমরা কবে?

থেকে যায় সব

ফুরায় না কিছু অন্তরালে সে থাকে
দিনের আলোয় শশধর তাই ঢাকে,
অরুণ কিরণ শক্তি বিলায় যাহা
ফুলে ফলে দেহ মনে সুপ্ত যে তাহা।

বিফলে যায় না কোন কিছু মনে রেখো
কাজ হলো সাজ তাতে মজে থেকো,
জীবনের জয় মালা হয়ে গাঁথা রবে
মরণের পরে ফুরায় না কেউ ভবে।

শ্রাবণ বৃষ্টি

আষাঢ়ের ঘন মেঘ
শ্রাবণেতে ঝরে,
যৌবনের উচ্ছলতায়
নদী নালা ভরে।

সবুজ খুশিতে মাঠ
হাওয়ায় দোলে,
দুঃখ কষ্ট চাষী ভাই
দেখে সব ভোলে।

মৎস্য শিকারি

লাইন দিয়ে হুইল ছিপে
ছোট ছোট দলে,
পুকুর পাড়ে দাঁড়িয়ে ঠায়
মৎস্য ধরবে বলে।

রঙিন ছাতা মাথায় দিয়ে
বাঁচতে রোদে জলে,
কেউবা শুধু নেশায় মেতে
আটকে খুড়োর কলে।

মাছের দেখা পাক বা না পাক
সারাদিন রয় বসে,
খাবার দাবার নেশার জিনিস
বেঁধে নেয় বেশ কষে!

যাই তবে কার ঘরে

দিনরাত খেটে লেখাপড়া শিখে
ডাক্তার হওয়া যায়,
সরকার করে বিপুল খরচ
সেবাই তাদের দায়।

আজকাল দেখি উল্টো ঘটে
একগাদা ফিস নিয়ে,
টাকার পাহাড় জমা করে
নার্সিং হোমে গিয়ে।

ওষুধ বিক্রির আর টেস্ট করার
টাকায় পকেট ভরে,
ডাক্তারবাবু, রোগ সারাতে
যাই তবে কার ঘরে?

শেক্সপিয়ার রীতিতে সনেট

যাই বলি না কেন

কি জানি কি ভেবে তুমি রয়ে গেলে কাছে
রাস্তার ধূলো উড়িয়ে গরু ফেরে ঘরে
এখনো দেখি অরুণ উঁকি মারে গাছে,
গোধূলি বেলায় মেঘ লাল বেশ ধরে।

লোকের কথায় কান না দিয়ে বলো
হাসিটাকে ঠোঁটে ভরে দেখো সোজা চোখে
আপন খুশির গান গেয়ে তুমি চলো
আমার জন্যেই শুধু নাকি থাকছো ঝোঁকে?

একি উঠছো কেন বন্ধু চাঁদ এলো বলে
স্নিগ্ধ আলো মাঝে নিয়ে হোক কথা দুটি,
কথার কথা না হয় হেঁটে যাক চলে
ধরবো না তাকে গিয়ে দেব শুধু ছুটি।

হাসতে নেইকো মানা তবু বেমানান হাসি
যাই বলি না তোমায় গলে পড়ে ফাঁসি!

অধরা আকুতির টানে

হলুদ সরষের চোখ জুড়ানো পথে
সমীরণে সুবাস রয়,
মনের কোণে দেখি এক চিলতে আশা
আঁখি মেলে কি যেন কয়।

সমুখ পানে তুমি হাঁটছো ধীরগতি
বাতায়নে উড়ছে কেশ,
নয়নে পাগলামি সাগর জলে ছুঁয়ে
এসে লাগছে ভালো বেশ।

কোন বিদেশী তুমি মুক্তকেশী হয়ে
ছড়িয়ে দিয়ে যাও চলে,
চুপচাপ বিকেলে অধরা আদরের
সুধা, কোন কিছু না বলে।

কখনো মনে হয় বড়ো কাছের তুমি
হাত বাড়িয়ে দিয়ে ধরি,
আকুল হৃদয়ের চরম পাওয়ার
আলিঙ্গনে স্নান করি।

আজি খুঁজে বেড়ায় মন ফাগুন ছোঁয়া
চুপিসারে হৃদয় মাঝে,
উন্মুক্ত কেশে খেলিছে বসন্ত
নব অনুরাগের সাজে।

অধরা আকুতির সীমানাহীন টানে
কেবলি হেঁটে চলি পথে,
রসি খানি টানিয়া রেখেছি সমুখেতে
হাসি মুখে তুমি যে রথে।

কেলো হারুর ডেরা

বস বলেছে আয় ঘুরে আয় শহরতলি মামাবাড়ি
গ্রামে ঘুরি চাক্কু নিয়ে যাই নি কভু এখান ছাড়ি।
ছোট মোটো চোর যে বটে দাদাগিরি গ্রামেই করি
বসকে বলি শিখতে হবে নতুন কিছু মশলা ধরি।

চার বাই দশে কামাক স্ট্রীটে থাকে মোটা মাথা হারু
কি যে করে জানে না কেউ খেয়ে কাটায় শুধু দারু,
দুশো বিশের খুনি ব্যাটা ঠ্যাংরা কাঠি শরীরখানা
পেটটা ডাবু হাড়জিরজিরে কি যে বলে বুঝতে মানা।

শুনে টুনে পোটলা বেঁধে বেরিয়ে যাই খুশি মনে
বাসে ট্রেনে নড়ে চড়ে গিয়ে নামি মানব বনে,
লোকে লোকে লোকারণ্যে কেমনে পাই কেলো হারু
জানতে চেয়ে কথা বলি জানা আছে কি নাম কারু?

কাটা ছাঁটা কেলো মোটা হাজার আছে হেথা হোথা
খোঁজো বাপু অলিগলি তোমার হারু আছে কোথা,
শুরু হলো হাঁটাহাঁটি চটি ছিঁড়ে ঘামে নেয়ে
গোলাগুলি শহরতলি ছুটে চলি খাবি খেয়ে।

রাতের আলোয় আঁধার দেখে ছুটতে গিয়ে হামলে পড়ি,
কোন অভাগা শুয়ে আছে কেঁদে কেটে পাটা ধরি,
টলতে টলতে গেল নিয়ে বললে এটা আপন ডেরা
চিন্তা নেই তোর আমি হলেম কেলে হারু সবার সেরা!

বড়ো খোকন ফিরছে নাও বেয়ে

বৃষ্টি এলো মুষলধারে দেখে
মন চাইলো শরীর দিয়ে মেখে,
ঘুরে আসুক ছোট বেলার ঘরে
মনি মুক্তো সাজানো থরে থরে।

আষাঢ় মাসে ঘন মেঘের ঘটা
শব্দ করে ফেরে আলোর ছটা
ঘরে বন্দী ছোট খোকন সোনা
চলছে তার ভাবনা যত বোনা।

বাতাস জোরে ধাক্কা দিয়ে যায়
মাটির ঘর জলের ছাট পায়,
বাইরে কি যে হচ্ছেটা কে জানে,
দেখতে ভারি ইচ্ছা বয়ে আনে।

বাদল ঝরা থামলো কিছু পরে
বাইরে এসে মন কেমন করে,
মুখের হাসি এলো আবার ফিরে
দাঁড়িয়ে আছি নতুন নদী তীরে।

কাগজে বোনা নৌকা দিলাম ছেড়ে
বাঁকটা নিয়ে আবার সোজা ফেরে,
অবাক চোখে দেখছি শুধু চেয়ে
বড়ো খোকন ফিরছে নাও বেয়ে।

মায়ের গানে খোকা খায়

মা নিয়েছে আদর করে কোলে
শিশু এখন মনের সুখে দোলে,
এবার খোকা মজা করে খাবে
শক্তি পেয়ে তবেই যুদ্ধে যাবে।

আয়রে পাখি দেখবি যদি আয় রে
হাসতে হাসতে খোকা কেমন খায় রে,
খোকন আমার সাত রাজার ধন হীরে
খাওয়া শেষে খেলতে যাবে ফিরে।

প্রতিবাদ হোক যত অন্যায়ের

চোখের সামনে অন্যায় দেখলে
প্রতিবাদ করতে হবে,
ন্যায়ের পথে হাত মেলালে
সমাজ সুন্দর তবে।

শিক্ষায় দীক্ষায় নৈরাজ্য আর
অর্থ বলের জোরে,
মিথ্যা দিয়ে সংসার মুড়ে
সত্য দূরে ছোড়ে।

মরার আগে মরলে পরে
মানুষ তবে কিসে,
অন্যায় যা সব মরুক গুমরে
প্রতিবাদের বিষে।

মনের বাঁধন

মনকে বলি শান্ত হয়ে
একটু বসো ভাই,
ভালো ভালো ভাবনা দেবো
চিন্তা কিছু নাই।

আসন পেতে বসে পড়ি
ঠাকুর সামনে রয়,
এই ছবিটা কেবল দেখবো
অন্য কিছু নয়।

বন্ধ চোখে যেমনি দেখি
মনের হাসি পায়,
বললে, এই তো তোমার ঠাকুর
দেখতে থাকো ঠায়।

এমন সময় ঠাকুর ছেড়ে
দৃষ্টি ঘুরে যায়,
হাসতে হাসতে বউটি আমার
ইলিশ চাকা খায়।

অফিস বসের হেঁড়ে গলা
সঙ্গে ব্যাজার মুখ;
ধরে বেঁধে আবার আনি
ঠাকুর দেখার সুখ!

মানুষ কে আর ভাল্লাগে না

আকাশে মেঘ খেলা করে
বৃষ্টিতে ভরে নিয়ে শরীরটাকে
ভারি মজা করে মাঠ ভেজায়
নদীর যৌবন ফিরিয়ে দেয়
সবুজ জীবন উঁকি মারে আকাশে।

নতুন প্রভাতে কুঁড়ি প্রস্ফুটিত
সৌন্দর্যের ডালি সাজিয়ে ফুল হাসে
হাসির তরঙ্গে ছড়িয়ে পড়ে সৌরভ
নয়নে স্নিগ্ধতা আনে
ঘ্রাণে দেয় অপরিমেয় নির্মল অনুভূতি।

বড়ো ভালো লাগে মাটি
জল গাছপালা অরণ্য
পাহাড় নদী সমতল পশুপাখি;

মেয়েটাকে কেউ না কেউ
মেরেছে তো?
তারা মানুষ!

গাছপালা কেটে অরণ্য
ধ্বংস করছে কেউ না কেউ
তারা মানুষ!

মানুষ কে সত্যি আর ভালো লাগে না!

কাছে বসে দুটি কথা

যাবে বলে যায় নি সে
কারনটা জানো কি?
মনে খেদ রেখে দিয়ে
দোষ দিয়ে হবে কি!

জিজ্ঞেস করে জানো
না আসার কারণ,
বন্ধুর মতো হয়ে
জানতে কি বারণ?

একে ওকে নয় ডেকে
সোজাসুজি যাওনা,
হেসে দুটো কথা বলে
জেনে তুমি নাওনা।

শুনে বুঝে ভুল হলে
খেসারত লাগে যে,
অভিমানে দূরে থেকে
ক্ষোভ শুধু জাগে যে।

কাছে বসে দুটি কথা
প্রানে সুধা ঢালে গো,
মনে সুখ এনে দেয়
অনুরাগ তালে গো।

ইলশেগুঁড়ি মুক্তো কুঁড়ি

ইলশেগুঁড়ি বৃষ্টির কুঁড়ি
পড়ছে ঝরে ঝরে,
ইলিশ আসে ভেসে ভেসে
মুক্তো কুঁড়ি ধরে।

মুক্তো আলো গায়ে নিয়ে
রূপোলী রঙ মাখে,
দুষ্টু মানুষ ভয়াল চোখে
নজর শুধু রাখে।

নজর তো নয় রসনা কয়
মনের টান ও থাকে,
সরষে ইলিশ বাসা বাঁধে
আপন করে ডাকে।

ঘাসফড়িং আজ পাগলপারা

মাঠে মাঠে সবুজ খুশি
শ্রাবণ বৃষ্টি পেয়ে,
বাতাস নাচে ঢেউ খেলিয়ে
আদর দিয়ে ছেয়ে।

নধর খাবার দেখতে পেয়ে
জীভে জলের ধারা,
ঘাসফড়িং আজ সবুজ বনে
হচ্ছে পাগলপারা।মাঠে মাঠে সবুজ খুশি
শ্রাবণ বৃষ্টি পেয়ে,
বাতাস নাচে ঢেউ খেলিয়ে
আদর দিয়ে ছেয়ে।

নধর খাবার দেখতে পেয়ে
জীভে জলের ধারা,
ঘাসফড়িং আজ সবুজ বনে
হচ্ছে পাগলপারা।

একজন কেউ ছিল

বিকেল হলেই ছুটে আসি
পড়ন্ত রোদ দেখতে
ঝরে পড়া পাতা দেখতে
ঘুমিয়ে থাকা আঁধার দেখতে।

চুপচাপ বসে থাকি নদীর পাড়ে
শাঁখের আওয়াজে রাত নেমে আসে
ছোট বড়ো গাছপালা
কালো চাদরে এক হয়ে একাকার।

জোনাকিরা গল্প লেখে নদীর পাড়ে
জ্যোৎস্না কবিতা লেখে নদীর চরে
তারারা প্রেম করে নদীর জলে
ঢেউগুলো আঁধার মেখে স্বপ্ন ছড়ায়।

এগুলো দেখতে দেখতে ঘুমিয়ে পড়ি
তোমার আঁচলের গন্ধ আমার নাকে
তুমি আমি মেঘের কোলে বসে আছি
একটু পরেই বৃষ্টির সঙ্গে নেমে পড়ি মাঠে।

এরপর, সবুজ পাতা সবুজ গাছ সবুজ মন
তারপর ফুল ফল পাখি
নদী পাহাড় গান চোরাবালি
এইভাবে আমাদের খেলা জমে ওঠে।

তুমি যখন বিদায় নিলে
চাঁদের নেই জ্যোৎস্না
নদীর নেই ঢেউ

রাতের নেই আঁধার।

আমার ফেরার পালায়
হাত ধরেছিলো একজন
তুমিও হতে পারো, নাও হতে পারো
একজন কেউ ছিল যে আমার হাত ধরেছিলো।

ভূতের বাবা

ভোলা গেছে মাছ ধরিতে পচা মাঝির ঘাটে
ছিপটা ফেলে চেয়ে থাকে সময় শুধু কাটে,
আলো আসছে নিভে নিভে ভোলার মনটা কাঁদে
সারাদিনে একটিও মাছ পড়লো না তার ফাঁদে?

ভূতের বাবা বুঝেশুনে কষ্ট ভারি পেলো
ফাতনাটাকে জোরে সে নাড়িয়ে একটু দিলো,
পড়িমরি করে ভোলা যেই না ছিপটা টানে
ভূতের বাবা বিরাট কাৎলা সামনে তুলে আনে।

ছোট্ট একটি গ্রাম

সবুজ ফসল দিয়ে ঘেরা
গাছগাছালি ভরা,
ছোট্ট গ্রামে খেলছে বাতাস
হৃদয় মুগ্ধ করা।

মেঠো পথে হাঁটছে মানুষ
কাজের তাগিদ নিয়ে,
রোগের প্রকোপ দেখছে কৃষক
মাঠের মাঝে গিয়ে।

খালের ধারে নৌকার সারি
বাঁধা শক্ত করে,
রাতবিরেতে মাঝিরা সব
ফিরেছে মাছ ধরে।

প্রতিজ্ঞা হোক তারি

একটি গাছের সবুজ প্রানে
হাজার জীবন বাতি,
সভ্য যতই হই না কেন
এরাই বুকের ছাতি।

হরেক গাছের কাজের গুনে
বাঁচার রসদ আছে,
এটা ওটা খেতে চাইলে
ছুটি গাছের কাছে।

জামা কাপড় দিয়ে সাজাই
সুন্দর হয়ে উঠি,
মল কারখানা দোকানপাটে
গাছের মশলাই লুটি।

থাকার জন্যে বসত বাড়ি
মন বাঁচাতে চলি,
ফুলে ফলে জঙ্গলে যাই
খুঁজে বেড়াই কলি।

মাঠ ঘাটেতে ভরে তুলি
সবুজ সোনার সারি,
আর না কাঁদাই অরণ্য ভাই
প্রতিজ্ঞা হোক তারি।

রকমারি হাসি

তোমার হাসি ভালোবাসি
প্রাণখোলা হয় যখন,
মিষ্টি হাসি ঝরনা ঝরায়
হৃদয় ভরে তখন।

মিচকে হাসি সয় না গায়ে
শয়তানি সে বড়ো,
অট্টহাসি বাজার মাতায়
লোকজন করে জড়ো।

হাসির আছে হালকা ভারি
হাড় হিম করাও পাবে,
দমফাটা ভাই হাসির চোটে
দুঃখ ভুলে যাবে।

চা য়েতেই

উড়ছে ধোঁয়া কাপের মুখে
মিষ্টি হাতের ছোঁয়া
মনটা যাচ্ছে খোয়া।

হুড়মুড়িয়ে অফিস ঢুকে
গরম সুবাস পেয়ে
প্রানটা উঠছে গেয়ে।

তর্কাতর্কি তুফান তুলে
কত হিসেব যাই যে ভুলে
বন্ধু হবার সুযোগ তুলে
চা য়েতেই যায় হৃদয় খুলে।

চাঁদের আলোয়

চাঁদ উঠেছে গাছগাছালির ফাঁকে
আকাশ পারে হাতছানিতে ডাকে,
হালকা আলোর নরম ছোঁয়া দিয়ে
টানছে সবে ঘরের বাইরে নিয়ে।

মায়ের কোলে খুকু ফুলের কুঁড়ি
হাত বাড়িয়ে দেখায় চাঁদের বুড়ি,
খুকুর মুখে মিষ্টি হাসি আঁকে
চাঁদ এসে তার স্বপ্ন দিয়ে ঢাকে।

লিমেরিক

খাওয়ার ঝড়

মন্ডা মিঠাই দেখে রাজা হামলে যেন পড়ে
কষা মাংস ফলে ভরা খাবার টেবিল নড়ে,
রাজার হচ্ছে চক্ষু বড়ো
মুখে করছে খাবার জড়ো,
টেবিলখানি গেল উল্টে খাবার খাওয়ার ঝড়ে!

পেত্রার্কীয় সনেট

অন্যমনস্কতা

থাকিলে মন উদাস কি যে ঘটে যায়
ভালো মন্দ দেখে সব আঁখি শুধু চেয়ে
আলাদা জগতে বুঝি মন চলে ধেয়ে
থাকে না তার কোন কিছু দেবার রায়।

কত গান কত সুর কানে এসে গায়
কত কথা কত ভাষা থাকে তাকে ছেয়ে
তবু স্থির দেহখানি থাকে কি যে পেয়ে
আছে তবু সে যে নাই বোঝা বড়ো দায়।

কাছের স্বজন মৃদু স্বরে ডেকে চলে
বিরক্ত দূরের আশাহত হয়ে তারা
দেয় পাড়ি আবার আসিবে কথা দিয়ে।

মৃদু হাসি ঠোঁটে কারে বুঝি কিছু বলে
অবশেষে কাছের মানুষ দেয় নাড়া
হ্যাঁ হুঁ করে সজ্ঞানে ফেরে নিজেকে নিয়ে।

লিমেরিক

বিয়ের টোটকা

মনের মতো বিয়ে নিয়ে চিন্তা যখন বাড়ে
হারুখুড়ো ভেবে চিন্তে টোটকা এনে ছাড়ে;
একটি শিশি খেলে পরে
বর বউ জুটবে টকাস করে,
টোটকা বেঁচে হারু এখন ঘুরে বেড়ায় কারে।

শান্তির ঔষধি

বিরক্তিতে মনটা ভরা
সকাল থেকে দেখি,
পাশাপাশি থাকতে চেয়ে
হতে হচ্ছে মেকি।

এই ভালো তো পরেই মন্দ
বোঝা যায় না মোটে,
থাকে কখন কোথায় কেমন
মনটা কেবল ছোটে।

খারাপ যেটা টেনে ধরে
দেখি মাখছে গায়ে,
অতিষ্ঠ হয় তখন থেকেই
হতাশ মনে ছায়ে।

ভুল তো জানি সবার থাকে
যখন খুঁজতে যাবে,
পরের ভুলটাই বেশি করে
দেখতে তুমি পাবে।

শান্তি খুঁজতে পরের ঘরে
কানটা কেন ধরো,
নিজের ভুল শুধরে নিয়ে
শান্তিতে বাস করো।

খোকা এখন বইয়ের পোকা

বইটা নিয়ে নাড়ছে কেবল
পড়তে বসে খোকা,
পড়লো এসে কোত্থেকে এক
কথা বলা পোকা।

খোকা বলে কে গো তুমি
কোথা থেকে এলে,
মা বাবাকে ধোঁকা দিয়ে
পড়াশোনা ফেলে।

হেসে উঠে পোকা বলে
মা বাবা তো জানে,
ছেলেমেয়ের গল্প কথা
আমার কাছে আনে।

জেনে শুনেই এসেছি তো
যাবো তোমায় নিয়ে,
ঘুরে ফিরে খেলা করবে
আমার সঙ্গে গিয়ে।

শুনে খোকা ওঠে নেচে
ভারি মজা হবে,
পোকার ডানায় উঠলো চেপে
হাসলো উচ্চরবে।

শব্দ শুনে এলো ছুটে
মা রান্নাঘর থেকে,
খোকা তাদের বইয়ের পাতায়
খেলছে আবীর মেখে।

আবেগ না হয় থাকলো

মানুষ যদি হয় কাঠ খোট্টা
রসের ভাড়ার ফাঁকা,
আবেগের বেগ শূন্য করে
বোঝে শুধু টাকা।

ভালোবাসা আর প্রেম প্রীতি
বুঝবে কেমন করে,
অশ্রু সজল নেত্র দেখে
বিকারহীন যায় সরে।

হৃদয়ে আবেগ ভরে
রাখো জীবন ধরে।

দুই বন্ধুর কাহিনী

একটা পাখি বসেছিল ডালে
মাছ তাকে কাছে ডাকলো
বুঝতে না পেরে পাখি এদিক ওদিক দেখে
মাছ পাখনা দিয়ে তাকে টেনে আনে।

মাছ পাখি এখন খুব ভালো বন্ধু
কখনো জলে ঘুরে বেড়ায়
কখনো আকাশে উড়ে বেড়ায়
কখনো মাঠে বসে গল্প করে।

রূপকুমারী রাস্তা দিয়ে যাচ্ছিল
দুই বন্ধুকে দেখতে পেয়ে
সে এসে তাদের পাশে বসলো
মাছ আর পাখি দু নয়ন ভরে দেখলো।

রূপকুমারী বায়না ধরলো
আগুনের গয়না পরবে
মাছ পাখি পুড়ে ঝলসে আগুন গয়না এলো নিয়ে
রূপকুমারী হলো খুব খুশী।

রূপকুমারী বললে বরফের শাল গায়ে দেবে
মাছ পাখি জমে পাথর প্রায়
তবু বরফের শাল নিয়ে এসে দিলো
রূপকুমারী সেই শাল গায়ে দিয়ে খুউব খুশি।

মাছ পাখি না খেয়েদেয়ে
আগুনে ঝলসে গিয়ে বরফে ঠান্ডা লেগে
মারা গেল; পাখিরা চোখের জল ফেললে

মাছেরা হা করে চেয়ে থাকলো শুধু।

রূপকুমারী দু হাতে দুটি বড়ি ধরে
ছুঁড়ে দিল অনেক দূরে;
বড়ি দুটো দূরে গিয়ে জোড়া লেগে গেল
তারপর আকাশ হয়ে মাটির সঙ্গে মিশে গেল।

মনের আলোয়

আলোর সাজে জগদ্ধাত্রী
সারা বাংলা জুড়ে,
সবার সেরা চন্দননগর
স্থান তার অন্তঃপুরে।

মনের আলোয় জগৎ মাতা
জাগবে যখন রূপে,
সেটাই হবে আসল পূজো
মনবাতি আর ধূপে।

উদোর পিন্ডি বুধোর ঘাড়ে

কুকুর ডাকে সকালবেলা
বিড়ালকে কয় একটু থাম,
ইঁদুর এই যে কাটলো জামা
এক্ষুনি দে সেটার দাম।

শীত এসেছে কোথায় পাবো
জামাকাপড় বলতো ভাই,
যেটাকেই নিই পরবো বলে
পরার মতো কিছুই নাই।

আমায় করছো দোষের ভাগী?
ম্যাও ম্যাও করে বিড়াল কয়,
নিজের ব্যাপার নিজেই বোঝো
আমায় কেন দেখাও ভয়।

গর্ত থেকে মুখ বাড়িয়ে
ইঁদুর অমনি বলছে, ঠিক
আসল ব্যাপার না বুঝে বস
যাকে তাকে মারছো কিক!

ছেঁড়া জামা ফাটা কাপড়
মানুষগুলোই তোমায় দেয়,
আমি তাতে ঠেকাই নি দাঁত
প্রশংসাটা মানুষ নেয়!

ভালোবাসায় ঢাকো

বসে আছো উদাস মনে
ভাবনা এতো কিসে
স্মৃতিতে যাও মিশে।

নতুন তুমি বিয়ের কনে
চিন্তা তাকে নিয়ে
যাকে করছো বিয়ে।

মনটাকে ভাই শুদ্ধ রাখো
নিজের স্বপ্ন নিজেই আঁকো
সবার মাঝে শান্ত থাকো
ভালোবাসায় তাকে ঢাকো।

পায় না কোন স্বস্তি

ভালো কিছু করতে গেলে
মানুষ পাচ্ছে বাঁধা,
সঠিক কাজে দিশাহারা
চোখে দেখছে ধাঁধা।

মিথ্যার ভাগ্যে রাজসিংহাসন
সত্যের জোটে বস্তি,
বিভ্রান্ত এক সমাজে সব
পায় না কোন স্বস্তি!

ভাবনার অতীত

এখন গভীর রাত
রাস্তায় লোকজন নেই বললেই চলে
মেয়েটি নিশ্চিন্ত মনে হাঁটছে
হঠাৎ দূর থেকে একটা পুরুষ কন্ঠ
ম্যাডাম একটু দাঁড়ান, আমরা আসছি
কতকগুলো রকবাজ ছেলে এগিয়ে এলো
তারা একসঙ্গে রাস্তার মাঝখান দিয়ে হাঁটছে।

কখনো আলো কখনো অন্ধকার
তারা নানা কথাবার্তা বলতে বলতে যাচ্ছে
ম্যাডাম, আগে তো এদিকে আপনাকে দেখিনি
যাবেন কোথা? রাতও অনেকটা হয়ে গেছে?
সাবলীল ভঙ্গিতে মেয়েটা বলে
অনেকদিন আগে এসেছিলাম
বেশ কিছু পরিবর্তন হয়েছে, তবে রাস্তাটা একই আছে
আর রাতের কথা বলছেন?
আপনারা তো সঙ্গে আছেন।

ম্যাডাম, এই দিকের রাস্তাটায় চলুন
একটু অন্ধকার বেশী কিন্তু কম রাস্তা।

মেয়েটি বিদায় জানিয়ে তার গন্তব্যে পৌঁছে গেল,
আর ছোকরার দল গল্প করতে করতে ফিরলো।

রাসলীলায়

রাসলীলায় কৃষ্ণ
রাধিকার সাথে,
স্বর্গীয় প্রেমে
আনন্দে মাতে।

গোপ গোপী সবে
খুশিতে নাচে,
রাধেশ্যাম দোঁহে
হৃদয়ের কাছে।

লিমেরিক

হাতি যাচ্ছে শ্বশুর বাড়ি

পিঁপড়ের পিঠে হাতি চেপে যাচ্ছে শ্বশুর বাড়ি
সাত সমুদ্র তেরো নদী তেপান্তর মাঠ ছাড়ি;
শ্বশুর ঘরে ভারি মজা
থালায় ভরা মাংস গজা,
পেটের জ্বালায় পিঁপড়ে খাচ্ছে মিষ্টি কাঁড়ি কাঁড়ি!

মনের কথা একটু শুনি

কি যে হচ্ছে কখন হচ্ছে
কেন হচ্ছে ভাবি,
মিলছে না সব হিসেব নিকেশ
মেলানের নেই চাবি।

অসহায় বোধ করি বড়ো
থাকতে চাই চোখ বুঁজে,
পরক্ষনেই মনটা বলে
আর একটু যাই খুঁজে।

ফল্গুধারায়

আকাশ বাতাস মাটি আজি
দূষণ ভরে থাকে,
মানুষগুলোর হিংসা বিদ্বেষ
ভারাক্রান্ত রাখে।

তাই তো মনের দরজাটাকে
মুক্ত করে রাখি,
স্নিগ্ধ জলের ফল্গুধারায়
হৃদয়টাকে ঢাকি।

স্বর্নালংকার গায়ে

সবুজ ফসল মাঠে হাসে
রাস্তা বায়ে রেখে,
রঙিন আকাশ সোনার আলোয়
রাখছে তাকে ঢেকে।

ছোট্ট নদীর জলের ধারা
কুলু কুলু বহে,
নৌকা নিয়ে ওপার যেতে
মাঝি কে লোক কহে।

রাস্তার ধারে তালের সারি
দাঁড়িয়ে এক পায়ে,
ঝকঝকে গ্রাম যৌবন দীপ্ত
স্বর্ণালঙ্কার গায়ে।

হেলায় সময় কাটে

চনমনে ভাব সকাল বেলা নিয়ে
পাড়ি দিলাম কাজের মাঝে গিয়ে,
কত মানুষ হাজার খুশির মেলা
জমজমাটি রঙিন নাটের খেলা।

ক্লান্তি এসে অলসতা ডাকে
সময় ধরে ছায়া বাড়তে থাকে,
সবুজ পাতা ঝরে হলুদ হয়ে
সময় কাটে হেলায় আরাম সয়ে।

এই চেয়ারটা খুউব দরকার

এখন চেয়ারটা ফাঁকা
মাঝের চেয়ার
চারদিকে আরো অনেক চেয়ার
খেলায় বুদ্ধিমত্তা, অভিজ্ঞতা আর দ্রুততা
মাঝের চেয়ারের অধিকার তবেই।

এই চেয়ারে পড়াশোনা
এই চেয়ারে প্রেম
এই চেয়ারে চায়ে চুমুক
এই চেয়ারেই পি এন পি সি
এই চেয়ারে জীবন সুধায় আরাম।

ঐ চেয়ারটা বড়ো সাহেবের
এগুলো তে বসেন মেজ ছোট
বাকিগুলো বাকি সবার
ঐটা দেখো খালি থাকে, দাস সাহেবের;
চেয়ারে বসেই ওনার হার্ট অ্যাটাক।

চেয়ারের আবার হাজার রকমফের!
রাজার চেয়ার প্রজার চেয়ার
আসামীর চেয়ার বিচারকের চেয়ার
সভাপতির চেয়ার
অতিথিদের চেয়ার
বর কনের চেয়ার।

সমস্ত চেয়ারই কাঠের বেতের প্লাস্টিকের
কিংবা ফাইবারের তৈরী।
যখন যে যেটায় বসে, তার।

কিন্তু গনতন্ত্রের চেয়ার!
একটু অন্য রকমের, অন্য স্বাদের।

যেহেতু এটা গনতান্ত্রিক চেয়ার
জনগণের যে কেউ বসতে পারে।
জনগণের সেবা করাই এই চেয়ারের কাজ
আর সেবা করতে কে না চায়? সেই কারণে
সবাই এই চেয়ারটায় বসতে চায়।

কিন্তু চেয়ার তো একটাই
একজনই বসতে পারবে
সুতরাং যে বসবে বা বসতে চায়
তাকে সবার থেকে আলাদা হতেই হবে।
জনগণকে বুঝিয়ে সুজিয়ে খাইয়ে পরিয়ে
মধ্যাকথা সবজান্তা বুদ্ধিমান স্বার্থপর
জনগণ নামক জীবকে বাগে আনতে
শ্রেষ্ঠ মহামানব মহামানবী হতে হবে অর্থাৎ
শ্রেষ্ঠ জ্ঞানীগুণী, শ্রেষ্ঠ ঠকবাজ, শ্রেষ্ঠ চোরডাকাত,
শ্রেষ্ঠ মিথ্যাবাদী, শ্রেষ্ঠ ধাপ্পাবাজ, শ্রেষ্ঠ বাক্যবাগীশ
ইত্যাদি ইত্যাদি।

যাই হোক
অনেকটা পরিশ্রম করে
অনেকটা হেঁটে আসার পরে
অনেকক্ষণ দাঁড়িয়ে থাকার পর
একটা চেয়ারে বসতে পেলে বেশ ভালো লাগে
বেশ রাজা উজির কিংবা স্বর্গীয় অনুভুতি আসে।

তোমরা কেউ একজন এই চেয়ার টা বাড়িয়ে দিও,
সংসারে এই চেয়ারটার খুউব দরকার।

চলো আকাশ ধরি

আকাশ এখন ছুঁয়ে আছে মাটি
মাটি এখন ছুঁয়ে আছে শিকড়
শিকড় এখন ছুঁয়ে আছে জীবন
জীবন এখন ছুঁয়ে আছে ভালোবাসা।

চলো আকাশ ধরি
তারপর সুনীল বুকে হাঁটতে হাঁটতে
বৃষ্টিকে কাছে ডেকে নেব
আর ভালোবাসার আগুন ভাসিয়ে দেব।

এতো রাগ কোরো না বৃষ্টি কে নিয়ে
তুমি আমি ছাড়া ও বাঁচতে পারে?
তবু তো মাটির স্বাদ পাচ্ছি
মায়ের কোলে দুলতে কার না ভালো লাগে!

মা তো তাই
শিকড়ের টান অনুভব করে
প্রান সৃষ্টির প্রাথমিক আবেগ
জীবন নদী তাই পায় আপন গতি।

জীবনের সুখ বলো শান্তি বলো
দুঃখ কিংবা আনন্দ
ভালোবাসাতেই পরিপূর্ণতা
তাই তো এত আয়োজন পৃথিবীতে!

সঞ্চয়

বাঘের কোলে ছাগল বসে
ভারি মজা হচ্ছে তার
জড়িয়ে বাঘ বুকের কাছে
নিয়েছে তার ভার।

মিটমিটিয়ে দেখছে ছাগল
এদিক ওদিক পানে চায়,
মুখটা গুঁজে মাঝে মাঝে
বুকের সুধা চুষে খায়।

হাতটা নেড়ে দেখছে আবার
কেমন তরো যেন মুখ,
অলসভাবে কাত হয়ে সে
পাচ্ছে আবার ভীষণ সুখ।

বাঘের ছেলে হঠাৎ এসে
বলছে রাগে এসব কি?
ছাগল কোলে মা ঘুমিয়ে
গর্জে উঠে বললে ছিঃ।

আয় কোলে আয়, কাছে নেয় মা
রাগ করিস না বাছা মোর
বড়ো হলে এটাই যে বাপ
খাবার হয়ে উঠবে তোর।

আমরা নারী সবটাই পারি

আমরা করবো রান্না বান্না
আমরাই করবো সন্তান ধারণ,
রাত বিরেতে বেরুই যদি
কেন তবে থাকছে বারন?

আমরা নারী সবটাই পারি
বিশ্ব ক্রিকেট করেছি জয়,
শিক্ষা দীক্ষা দেশ চালনায়
থাকছি আমরাই, করি না ভয়।

মধু যাপন

ভানুর প্রতাপ কমছে ধীরে
সন্ধ্যা এলো নেমে
দিনটা গেল থেমে।

দিবাচর সব ফিরছে নীড়ে
ক্লান্ত মনে আশা
শান্ত স্নিগ্ধ বাসা।

আঁধার শুধু অপেক্ষায় রয়
আলোর ছোঁয়ায় মিলেছে দ্বয়
এখন তাদের নাই কোন ভয়
মধু যাপন তিমিরেই হয়।

পরিপূরক

আমি বারেবারে দেখিয়াছি তারে হেঁটে যেতে নদী তীরে,
উদাস নয়ন করিছে চয়ন চলিতেছে বড় ধীরে।
আকাশের গান মাটিতে বাঁধিয়া সুমধুর সুর তার,
গোলাপের মালা ভরে নিয়ে ডালা গলে যেন রত্ন হার।
যত দেখি চোখে মনে ক্ষিধে বাড়ে পিপাসা তে মরে যাই
দেখা পেতে চায় মন ছুটে যায় দেহের তো ছুটি নাই।
হাজার কাজের মাঝে ফাঁক খোঁজে, ভরে যায় সব ভুলে
মন চলে ছুটে নিতে লুটেপুটে হৃদয়ের দ্বার খুলে।

অবশেষে তার কে জানে কি হলো দেখিতে পাই না আর,
দেখিবার তরে প্রান বুঝি মরে মন শেষে নিলো ভার।

স্বপ্নের সাথী

প্রভাত রবির আলোর ছটায়
রঙিন সাগর হাসে,
ঢেউয়ের তালে মাঝির নৌকা
মাঝ দরিয়ায় ভাসে।

মনের কোণে নতুন আশা
আলো হয়ে ঝরে,
জীবনটাকে ভাসিয়ে দিই
স্বপ্নের সাথী করে।

খোকার খুশি

পায়রা এসে ডাকছে খোকা বলে
খোকন ভাবছে, যাবেই এখন চলে,
পায়রাগুলো উড়ছে আকাশ জুড়ে
ভাবনা খোকার আসবে এখন ঘুরে।

কখনো বা ছাদে তাদের পাশে
খুশিতে মন সাগর হয়ে হাসে,
বকম বকম আওয়াজ আসে কানে
গল্প করতে মনটাকে তার টানে।

বাইরে দেখে সত্যিই ব্যাপার বটে
আজগুবি সব চোখের সামনে ঘটে।
দুটি পায়রা গল্প করছে হেসে
উড়ে গিয়ে আকাশ পথে মেশে।

বন্ধু হবে?

বলি, বন্ধু না হয় একটু হলে
আমার সঙ্গে একটু না হয় হাঁটলে
হাতে হাত না হয় একটু রাখলে
দু চারটে কথা না হয় বললে
একটু পাশে না হয় বসলে।

আমার না অনেক কিছু আছে
এই যেমন ধরো
কথা বলতে পারি
কথা শুনতে পারি
ভালো কে ভালো বলতে পারি
খারাপ কে খারাপ কইতে পারি।

আমি না নিজের দোষ দেখতে ভালবাসি
নিজের কাজ নিজেই করার চেষ্টা করি
অন্যের ভুল দেখার আগে
নিজের ভুলগুলো খুঁজে দেখি
আশেপাশের মানুষদের ভালো দেখতে ভালবাসি।

পশুপাখিদের আমার বেশ ভালো লাগে
গাছপালা কাটলে বুকটা কেমন যেন করে ওঠে
বর্ষায় দু চারটে গাছ বসাই
বৃষ্টির জল আঁচলা ভরে ছুঁড়ে দিই
অমনি সবুজ মাঠ হেসে ওঠে, আমিও হেসে উঠি।

ঝগড়াঝাঁটি আমার একেবারেই ভাল্লাগে না
প্রশংসা করতে ভালো লাগে
প্রশংসা নিতে গেলে কেমন একটা অস্বস্তি হয়

মনে হয়, কি এমন করেছি যার জন্যে?
মিথ্যাটাকে বড্ড ঘেন্না করি।

একি, হাত ছেড়ে দিলে যে?

পাগলটা কাউকে দেখতে পেলেই
হাত বাড়িয়ে বলে
বন্ধু হবে?

শরীর যত্নে রাখো

জীবন যখন বয়ে চলে
নদীর গতি নিয়ে,
শরীর জুড়ে নানা ব্যাধি
পাত্তা নাহি দিয়ে।

খাওয়া পরায় ইচ্ছেমতো
জীবন চলতে থাকে,
নিয়ন্ত্রণ নেই কোন কিছুর
মজায় ভরে রাখে।

জীবন ঘড়ি চলতে থাকে
এক ব্যাটারি সাথে,
শক্তি ধীরে যায় ফুরিয়ে
সময় রয় না হাতে।

সোনার বরণ দেহখানি
রোগের জ্বালা ধরে,
মরচে আসে আশা ভরসায়
ক্লান্তির কাঁটায় মরে।

আরাম আয়েশ নয় গো কেবল
নিয়ম মেনে থাকো,
মিথ্যা সুখের পাঁক না ঘেঁটে
শরীর যত্নে রাখো।

লিমেরিক

টাকার ফল

গদাই কিনলো অনলাইনে টাকা গাছের চারা
গাছে দেখে আজগুবি ফল, গদাই দিলো নাড়া,
হুড়মুড়িয়ে মাথায় পড়ে
ভয়েতে সে চীৎকার করে,
টাকা ফলের ডান্ডা খেয়ে গদাই পড়লো মারা।

জীবন খাতার হাজার স্বপ্ন

রাস্তা দিয়ে হাঁটি যখন
মনটা বড়ো উদাস হয়,
স্মৃতি টেনে সামনে এনে
মনের কোণে লাগছে ভয়।

যাদের নিয়ে হেসেছিলেম
কেঁদেছিলাম মনের সুখে
দিয়েছিলাম উজাড় করে
সমস্তটা ছিল যা বুকে।

তখন যাকে পেয়েছি কাছে
ভালো মন্দ বিচার নয়,
ভালোবাসায় হৃদয় দিয়ে
গানে গল্পে আপন হয়।

আজ যখন দেখছি ফিরে
কাঁদছে মন আঁকড়ে ধরে,
মেলাতে গিয়ে মিলছে নাকো
স্মৃতি ভয়ে বিরাজ করে।

ঝরা পাতার শুকনো হাসি
দিচ্ছে এঁকে জীবন ছবি,
জীবকুলেতে স্বপ্ন ভরে
বিদায় নেয় প্রভাত রবি।

লিমেরিক

মরণ দশা

দাদু এসে বললে হেসে ঘটক মশাই ভাই
একা থাকতে ভাল্লাগে না, বউ যে একটা চাই
বাসর ঘরে বউকে পেয়ে
দাদু পড়লো আছাড় খেয়ে,
ঘোমটা খুলে দেখলো বধূ দাদু যে আর নাই।

শিশির

একটা ছোট্ট ব্যাঙ ছিল
গায়ে শিশির পড়তেই বেশ ঠাণ্ডা লাগলো
কি আর করে
শীতঘুমে চলে গেল।

সবে সন্ধ্যে নেমেছে
সারাদিন খাটুনির পরে
গাছপালারা জড়ো হয়ে পরচর্চা শুরু করেছে
শিশির গায়ে লাগতেই ঠান্ডা লাগার ভয়ে
আঁধারের চাঁদর গায়ে দিয়ে
ঘুমিয়ে পড়লো।

ফাঁকা ছাদে চাঁদ আর তারারা
পাশাপাশি বসে গল্প করছিল
মেয়েটি বুঝতে পেরে ধীর পায়ে
তাদের কাছে এসে বসলো
আর তাদের সঙ্গে গল্প জুড়ে দিলো।
গল্প বেশ জমে উঠেছে
শিশির পড়ে যে ঠান্ডা লাগছে, কারও খেয়াল নেই
এই ফাঁকে ছেলেটা এসে জুটেছে
চাঁদ আর তারারা লজ্জা পেয়ে একটু দূরে সরে গেল
ছেলেটি তার স্পর্শ দিয়ে
সব শিশির মুছে দিলো
সদ্য স্নাত মেয়েটার হাসি দেখতে দেখতে
ছেলেটি ঘুমিয়ে পড়লো
আর মেয়েটি ঝরা শিউলি দিয়ে
তার দেহটা ঢেকে
ঠান্ডা লাগছে বলে ভোরঘুমে চলে গেল।

সকাল হতেই বোঝা গেল
শিশির চুপিচুপি সবার কাছে গিয়ে
দেহের আর মনের সমস্ত নোংরাগুলোকে
স্নিগ্ধ ছোঁয়ায় ধুয়ে মুছে ঝা চকচকে করে দিয়েছে।
এখন সুর্যের আলো নিয়ে হীরক দ্যুতি ছড়াচ্ছে।

রাতের কান্না চার দেয়ালের ভেতর ঢুকতে পারে নি
রাতের কান্না শয়তানের জ্যাকেটের ভেতরে
ঢুকতে পারে নি।
তাই চার দেয়ালের কান্না শুনতে পাই না
তাই চার দেয়ালের কান্না থামাতেও যাই না।

এই কষ্ট নিয়েই শিশির
মাটির বুকে জমা হয় আর
মায়ের দুধের মতো পথ্য হয়ে
শিকড়কে খাওয়ায়।

মুক্ত মনে

খেলুক শিশু খোলা মন
হৃদয় হোক মুক্ত,
জোর করে নয় তাদের পর
আদর থাক যুক্ত।

ব্যাগের বোঝা পীঠে নয়
স্বপ্নের সাধ মনে,
গড়ে উঠুক আনন্দে
দশজনের সনে।

ঝকঝকে হয় রূপে

হিন্দু বধূর রূপটি ফোঁঠে
সিঁদূর যখন পরে,
শিশু কোলে যোদ্ধা মেয়ে
মায়ের স্বরূপ ধরে।

স্বামীর সোহাগ প্রেমের বাঁধন
সিঁদুর দিয়ে বাঁধা,
মায়ের আদর শিশুর মনে
স্নিগ্ধ মধুর সাদা।

গয়নাগাটির সেরা সিঁদুর
ঝকঝকে হয় রূপে,
গ্রামের বধূ তুলসী তলায়
সাঁঝবাতি আর ধূপে।

সহযোদ্ধা

পাগলটা দাঁড়ালো
দূরে শার্ট প্যান্ট পরা মানুষ কে দেখলো
একটু হাসলো আর পিছন ফিরলো
চোখ বুজলো, কান চাঁপা দিলো।

কিছুক্ষণ, তারপর
প্রায় এক দৌড়ে মানুষটির কাছে
জামা ধরে জোরে ঝাঁকুনি দিয়ে চীৎকার করলো
তুই আমি দুজনেই মানুষ তবে
কেন আমার ছেঁড়া জামা ছেঁড়া মন
আর তুই দিব্যি ভালো আছিস।
কাঁদতে কাঁদতে চলে গেল।

মানুষটার যেখানে যাওয়ার
যাওয়া হলো না তার;

একটা নির্জন জায়গা দেখে
নিজের দেহ মন আড়াল করে বসলো
আর অঝোরে কাঁদতে লাগলো
না রে ভাই
আমারও দেহ মন ভেঙে আছে।
ভদ্রতার মুখোশে আমারটা ঢাকা পড়ে আছে
আর তোরটা
পাগলামির খোলা আয়নায় প্রতিফলিত।

গোধূলির রঙ যখন হারায়

গোধূলির রঙ গায়ে মেখে পাখিরা ফেরে
নদী বক্ষে চাঁদের খেলা জ্যোৎস্না নিয়ে
এইসব রোজকার ঘটনায় সময় মেলায় লোকটা
আঁধারে জোনাকির গল্প শোনে গাছের নীচে
হাজার বছরের শিশির স্নাত প্রেমের গল্প
তারও অনেক আগে থেকে হেঁটে আসে
সেসব দুজনে শুনবে বলে মন ধরেছিল
তারপর কয়েকটা পিশাচের খেলায় গাছেরা কেঁদেছিল।

এখন অবশ্য সেসব ভাবনা চিন্তা নেই
সমস্ত অতীত বর্তমান ভবিষ্যৎ তার দখলে।

লিমেরিক

অতুলনীয়

মিতব্যয়ী হারু দাদার তুলনা ভাই নাই
হাফ প্যান্ট আর গেঞ্জি পরেই বছর কাটান তাই,
মাছের গন্ধে হপ্তা কাটে
মাংস রেখে ঝোলটা চাটে,
টাকার পাহাড় তবু চুল তার নিজেই কাটা চাই!

সময় করুক সময়কে নিয়ে খেলা

রাস্তায় দাঁড়িয়ে সময়কে করি জব্দ
অন্যমনস্কতায় পাই না কোন শব্দ,
হঠাৎ কি জানি কলেবর মনে
হালকা চুড়ির নিক্কণ তার সনে।

সময় জানতে চায় হাসি মুখ
কণ্ঠস্বর হৃদয়ে ঢালে অমৃত সুখ,
নয়ন পলকহীন উত্তর যায় থেমে
রোদের ঝলক মুখে আসে নেমে।

বাসে উঠতে উঠতে বললেন হোপলেস
মনে গেঁথে গেল বিরক্তিভরা ফেস,
তাড়াতাড়ি উঠতে গিয়ে আছাড় বাসে
অট্টহাসির হট্টরোল হাঁদার কানে আসে।

এলোমেলো হৃদয় আরো অগোছালো হয়ে
ঘুরে বেড়ায় বিরক্তির অট্টহাসি লয়ে,
সময়ের ভাঁড়ে পড়ে সব জমা
যতি বিরাম খেদ দাঁড়ি কমা।

হাজার স্বপনে বেজেছিল যে সুর
তারি খোঁজে বিরামহীন বহু দূর,
শিশির যেখানে শিউলির গায়ে মেশে
ঘাসের আলোয় জীবন উঠলো হেসে।

ফিরে তাকাইনি কোন দিন আর
ঝুপড়িতে আমার সনে বসত তার,
সময় করুক সময় নিয়ে খেলা
ভাসিয়ে বেড়াই জব্দ সময়ের ভেলা।

মনোমুগ্ধকর

শান্ত নদী বইছে ধীরে
বুকে হাজার সুর,
লক্ষ কোটি জীবন নিয়ে
যাচ্ছে বহু দূর।

নদীর পাড়ে সবুজ ফসল
মিষ্টি হাসি মুখ,
ঐ মাঠেতেই উঠছে ফুটে
চাষীর পরম সুখ।

শীতের সবজি ক্ষেত ভরেছে
ঝুড়ি ভরা ফুল,
জমির আলে হাঁটছে বঁধূ
হাওয়ায় উড়ছে চুল।

হাঁসেরা সব খেলা করে
গেঁড়ি গুগলি খায়,
তাদের সাথে মজা করে
আনন্দ সব পায়।

নৌকায় বসে দেখছে সবাই
অরুণ কিরণ গায়,
হিমেল বাতাস ছোঁয়া দিয়ে
দূরে নিয়ে যায়।

অস্বাভাবিকটাই স্বাভাবিক

শিরদাঁড়ায় ঠান্ডা স্রোত বয়ে যায়
শালা বলে কি? আমার দায়?
ফুটপাথে উঠে ধাক্কা মেরে যাবি
আবার রোয়াব দেখিয়ে চোখ রাঙাবি?

মনে হলো গাড়ি থেকে টেনে
থাপ্পড় মেরে রাস্তায় ফেলি এনে,
দোষটা কার দেখিয়ে দিয়ে বলি
কিসের এত মাতব্বর তুই হলি?

রাগে চোখ রাঙিয়ে গজগজ করি
পারলে কলারটা এখুনি চেপে ধরি
কিছু লোক দেখে চলে যায়
কেউবা মজাটা নিয়ে তারিয়ে খায়।

দাদা ছেড়ে দিন, কেউ বলে
কেউবা দাঁত কেলিয়ে যায় চলে
রাগ কমে গেলে স্বাভাবিক সব
যে যার কাজে শুধু কলরব।

ভাই রেগে লাভ নেই, ছাড়ো
কুকুরকে কামড়াতে তুমি কি পারো?
যুবক কটুক্তি করে এগিয়ে যায়
অস্বাভাবিকটা স্বাভাবিক হয়ে থাবা বসায়!

লিমেরিক

আহা, মরি মরি

নাড়ুগোপাল খাচ্ছে কলা মুখটা বড়ো করে
ট্রেনের ভিতর ছুঁড়ে দিলো খোসাটা মন ভরে;
তাড়াহুড়োয় নামতে গিয়ে
চিৎপটাং হলো পা টা দিয়ে,
হাসি মুখে দেখলে সবাই, তুললো না কেউ ধরে!